Bibliografische Information der Deutschen Nationalbibliothek:

Die Deutsche Bibliothek verzeichnet diese Publikation in der Deutschen National-
bibliografie; detaillierte bibliografische Daten sind im Internet über http://dnb.d-
nb.de/ abrufbar.

Impressum:

Copyright © 2019 GRIN Verlag
Druck und Bindung: Books on Demand GmbH, Norderstedt Germany
ISBN: 9783346013507

Dieses Buch bei GRIN:

https://www.grin.com/document/496071

Lee Kirsten

Dezentrale E-Commerce Plattform. OpenBazaar

GRIN Verlag

GRIN - Your knowledge has value

Der GRIN Verlag publiziert seit 1998 wissenschaftliche Arbeiten von Studenten, Hochschullehrern und anderen Akademikern als eBook und gedrucktes Buch. Die Verlagswebsite www.grin.com ist die ideale Plattform zur Veröffentlichung von Hausarbeiten, Abschlussarbeiten, wissenschaftlichen Aufsätzen, Dissertationen und Fachbüchern.

Besuchen Sie uns im Internet:

http://www.grin.com/

http://www.facebook.com/grincom

http://www.twitter.com/grin_com

Dezentrale E-Commerce Plattform

OpenBazaar

Hausarbeit

im Masterstudiengang
Digitale Forensik

vorgelegt von

Lee Kirsten

Am 09. Juli 2019
an der Hochschule Albstadt-Sigmaringen

Inhaltsverzeichnis

Abbildungsverzeichnis

1 Einleitung

Die vorliegende Hausarbeit ist ein Thema aus einem ganzen Komplex an Themen, die den Studenten der digitalen Forensik des Jahrgangs 2018 der Hochschule Albstadt-Sigmaringen im Studienmodul M108 zur Auswahl gestellt wurden. Gegenstand dieses Moduls sind die Rechnernetze und Netzwerkforensik. Diese Hausarbeit beschäftigt sich mit dezentralen E-Commerce Plattformen, im Besonderen mit OpenBazaar, und wird, der Aufgabenstellung entsprechend, den Sachverhalt sowohl theoretisch darstellen als auch an einem Praxisbeispiel demonstrieren.

Kapitel 2 widmet sich der theoretischen Annäherung an das Thema. Dabei geht es darum zuerst die grundsätzliche Funktionsweise von OpenBazaar zu erschließen. Zum besseren Verständnis wird auf die verwendeten Technologien und Protokolle eingegangen. Im Weiteren soll daraus ein möglicher (auch illegaler) Einsatzzweck abgeleitet werden.

Kapitel 3 ist dem praktischen Anteil dieser Arbeit gewidmet. In diesem Abschnitt werden konkrete Versuche durchgeführt, um einen Einblick in die Anwendung zu bekommen. Dabei wird ein mögliches Käuferverhalten simuliert und analysiert. Schlussendlich soll der Fokus auf die Nachweisbarkeit der Anwendung und der Analyse einer Netzwerkverbindung gelegt werden.

Kapitel 4 zieht ein kurzes Fazit über die Inhalte der Arbeit und gibt einen Ausblick darüber welche Erkenntnisse gewonnen werden konnten und wie auf diese Arbeit für weitere Analysen aufgebaut werden kann.

2 Theoretischer Teil

2.1 Dezentrale E-Commerce Plattformen – Begriffsbestimmung

Zunächst ergibt es Sinn den Begriff des E-Commerce allgemein zu erschließen. E-Commerce bezeichnet elektronischen Handel, unabhängig von der Art des Internets, klassisch oder mobil, über den er betrieben wird. Dabei ist nicht nur der Vorgang des Handels inbegriffen, sondern auch die beteiligten Waren und Technologien, die beispielsweise benötigt werden, um einen Kaufvorgang durchzuführen [1].

E-Commerce wird je nach Zielgruppe und deren Anforderungen differenziert: B2C (Business-to-Client) und B2B (Business-to-Business). Im Vergleich zum klassischen Ladenhandel weist E-Commerce einige Vorteile auf: Beispielsweise kann der Verkauf zu jeder Zeit stattfinden, ist also unabhängig von Ladenzeiten. Der Kunde kann ortsunabhängig bestellen und die Beratung und Interaktion findet auf mehreren Wegen statt, als dies im klassischen Sinne möglich wäre, da die Informationen über ein Produkt jederzeit abruf- und verfügbar sind. Der Kontakt zwischen Kunde und Kundendienst findet erheblich schneller statt.

Dabei existiert E-Commerce in zwei Ausprägungsformen: Zentral und dezentral. Ein zentrales Management setzt voraus, dass es eine Gruppierung gibt, die alle Fäden bezüglich aller Entscheidungen in den Händen hält. Dabei wird ein Maximum von Kontrolle angestrebt. Sämtliche Ebenen unterhalb der ‚Entscheider'-Ebene sind an die Vorgaben der Führung gebunden und können nicht davon abweichen. Bezogen auf E-Commerce ist das ein Modell, welches z.B. eBay verwendet. Dabei sind die Beteiligten die Händler und Kunden. Vorgaben werden allein durch eBay gestaltet und münden unter anderem in Gebühren, die der Anbieter der Plattform festlegt. Weitere Nachteile sind der hohe Bürokratieaufwand und die geringe Verteilung der Arbeitslast [2].

Dezentralisierung beschreibt eine Managementform, bei der eine Delegierung von Autorität stattfindet. Statt einer oberen Führungsebene, die alle Entscheidungen allein fällt, gibt es eine Verschiebung dieser Verantwortung in Richtung der unteren Ebenen. Die Beteiligung aller am Gesamtkonzept wächst; ein Beispiel in diesem Bereich ist Amazon. Daraus resultieren schnellere Entscheidungen, die jedoch auch in einer chaotischeren Organisation münden können. Gute Kommunikation ist an dieser Stelle unabdingbar.

Bezogen auf die Plattform OpenBazaar wird von einer dezentralen Struktur gesprochen. Positive Aspekte, die aus der Dezentralität resultieren, sind beispielsweise die fehlenden

Gebühren für die Benutzung der Plattform (was nach eigener Aussage von OpenBazaar durch die Verwendung einer Open-Source Software erreicht wird) und der direkte Kontakt zwischen Käufer und Verkäufer ohne einen Mittelsmann. Des Weiteren gibt es keine Kotrollinstanz über die Plattform; die Teilnehmer organisieren Kauf und Verkauf selbst. Die Verwendung von Kryptowährungen als Bezahlmethode und die fehlende zentrale Speicherung von Transaktionsdaten ermöglichen darüber hinaus ein gewisses Maß an Anonymität.

2.2 OpenBazaar – Ein kurzer Lebenslauf

Im Jahr 2014 wurde auf einem kanadischen Hackathon ein Projekt namens „Dark Market" ins Leben gerufen. Der Entwickler Amir Taaki und ein Team entwickelten für die Veranstaltung eine sogenannte Proof-of-concept Software für einen dezentralisierten, digitalen Marktplatz, der eine Transkation direkt zwischen zwei Marktteilnehmern ermöglicht [3].

Bereits in den Jahren zuvor galt Taaki als wichtige Schlüsselfigur bezüglich der Kryptowährung Bitcoin und der Blockchain-Technologie. Einiges an Infrastruktur wurde von ihm programmiert und zeitweise wurde der Name des anonymen Bitcoin-Erfinders, Satoshi Nakamoto, sogar mit ihm in Verbindung gebracht. So entwickelte er gegen 2014 unter anderem das „Dark Wallet", eine Bitcoin-Wallet, die es erlaubt die Kryptowährung ohne das Hinterlassen von Spuren zu lagern und zu benutzen [5].

Nach Ansicht von Taki ermöglicht Bitcoin den Erhalt der Souveränität des Einzelnen, um Geld für Dinge zu benutzen, ohne, dass Unternehmen Zugriff auf diesen Vorgang haben. Mit diesem Background im Hinterkopf, wird die Ideologie hinter „Dark Market" zunehmend klarer.

Zwar wurde „Dark Market" nie realisiert, jedoch wurde das Projekt von einem anderen Entwickler, Brian Hoffman, fortgeführt. Unter dem Namen „OpenBazaar" und nicht mit der Absicht im Dark Net zu agieren [3], sondern frei zugänglich benutzt zu werden.

Anfang 2015 wurde eine erste entwickelte Software von Hoffman und seinem Team vorgestellt. Wenige Monate später und mit Hilfe der Gründung einer Firma, OB1, und einem Kapital von 1 Million Dollar ging „OpenBazaar" in einen Full Release und wird seitdem weltweit benutzt. Zu Beginn wurde hauptsächlich Bitcoin für die Bezahlung genutzt [3].

2.3 Legale und illegale Einsatzzwecke von OpenBazaar

Wie aus dem kurzen historischen Abriss hervorgeht, unterscheidet sich OpenBazaar in seiner ursprünglichen Zielführung von einem herkömmlichen zentralisiertem Online-

Markplatz. Der Grundgedanke der Vorgängerversion „Dark Market" war eine mögliche Realisierung im Dark Net.

Ein dezentralisierter Markt wie OpenBazaar, in dem sich nur die jeweils am Handel Beteiligten ‚kennen'; ist frei von der Kontrolle einer zentralen Instanz und der Überwachung einer Drittpartei. Den Nutzern wird ein Maximum an Anonymität ermöglicht, indem der Handel Peer-to-Peer ausgelegt ist. Unterstützend in diesem Bezug wirkt auch das Bezahlsystem mit Kryptowährungen, die den monetären Strom deutlich schwerer nachvollziehbar gestalten.

Positiv betrachtet gewinnen Verkäufer und Käufer die Kontrolle über ihre Daten zurück und sind aufgrund der dezentralen Struktur nicht dazu gezwungen hohe Gebühren zu zahlen, wie es bei Plattformen wie z.B. eBay und anderen nötig ist. Es ist einfacher ein eigenes Webangebot zu erstellen.

Andererseits haben diese Freiheit und Anonymität eines dezentralisierten Marktes auch zur Folge, dass potenziell illegale Waren und Dienstleistungen angeboten werden können, die ein Anbieter dementsprechend auch deutlich leichter in Umlauf bringen kann.

An dieser Stelle sei darauf hingewiesen, dass bei der Untersuchung der OpenBazaar-Software konnte eine Schaltfläche gefunden werden, mit der die Altersbeschränkung aufgehoben wird. Weiterhin können in der Software für die Suchfunktion verschiedene Suchmaschinen eingerichtet werden. Wird die proprietäre Suchmaschine von OB z.B. durch die Blockbooth-Suchmaschine ersetzt, so werden illegale Angebote, wie Drogen, effizienter gefunden [4].

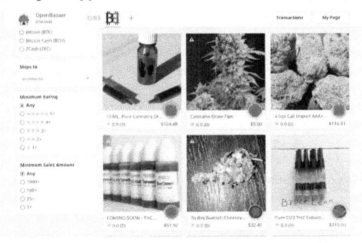

Abbildung 1: Illegale Waren, auffindbar mit Blockbooth-Suchmaschine [4]

2.4   Handeln auf OpenBazaar

Da es sich bei OpeenBazaar um ein Opensource-Projekt handelt, bietet die Webseite zahlreiche Informationen und Dokumentationen an, um sich an dem Projekt zu beteiligen. Darunter befinden sich Tutorials und Manuals von der Ersteinrichtung bis hin zur Beschreibung der Schnittstelle für einen potenziell unterstützenden Programmierer.

2.4.1 OpenBazaar, die ersten Schritte

Durch die Installation von OpenBazaar erstellt jeder Nutzer, ob im weiteren Käufer oder Verkäufer ist dabei unerheblich, einen eigenen Knoten - einen sogenannten Node. Dies entspräche einem klassischen Account auf einer Webseite, es wird jedoch darauf hingewiesen, dass der Nutzer diesen Node besitzt. Jedem Knoten wird eine eindeutige Knoten-ID zugeordnet, die es als Hashwert realisiert nur einmal im Netzwerk gibt.

Dem Nutzer wird eine eigene Server-Node-Struktur in die Hand gegeben, über die er volle Kontrolle hat. Jegliche Daten des Netzwerkteilnehmers verbleiben auf dem eigenen PC. Dies steht im Gegensatz zu den herkömmlichen Marktplätzen, auf denen der User online auf der Markplatzseite (z.B. Amazon oder eBay) seinen Account an- und alle Nutzerdaten ablegt [7].

Der angelegte Nutzerknoten kann von anderen Marktteilnehmern nur direkt gefunden und angesprochen werden, vergleichbar einer Einladung zur eigenen Wohnung. Dies hat jedoch auch einen gewissen Aufwand zur Folge, wenn der Nutzer z.B. von einem anderen PC auf sein eigenes Profil zugreifen oder seinen Node löschen möchte. Im ersten Fall müssen alle Daten vom Originalrechner auf den anderen PC bewegt werden, im zweiten Fall müssen alle vorhandenen Daten auf dem eigenen Rechner gelöscht werden.

Um sich in OpenBazaar bewegen zu können, besitzt jede Clientoberfläche eine Suchmaske mit hinterlegter Suchmaschine. Per default ist das die Maschine von OB1, der Firma hinter dem Marktplatz. Die Suche von Produkten wird dabei über Tags abgearbeitet, mit denen die Verkäufer ihr Angebot versehen haben.

Nach Auswahl eines Angebotes, wird der Zahlungsvorgang gestartet.

2.4.2 Zahlungsmittel und -vorgang

Auf OpenBazaar wird jeglicher Handel mit den Kryptowährungen Bitcoin, Bitcoin Cash oder Zcash bezahlt, wobei der Nutzer von OpenBazaar beim Installationsprozess zunächst eine Vorzugswährung davon festlegt. Fiat-Geld (US-Dollar, Euro usw.) können nicht genutzt werden. In naher Zukunft ist es angedacht, dass weitere Kryptowährungen benutzt werden können [8].

Diese festgelegte Währung ist diejenige mit denen der jeweilige Käufer oder Verkäufer dann seine weiteren Geschäfte auf dem Marktplatz abwickelt. Davon abgesehen ist es zum Beispiel möglich andere Kryptowährungen auf OpenBazaar zu erwerben und auf externe Wallets zu transferieren. Dem User stehen zwei Möglichkeiten zur Verfügung, mit denen er seine Kryptowährung in den Bezahlvorgang einbringen kann.

Zum einen ist es möglich auf OpenBazaar eine interne Wallet zu benutzen, auf die vorher eingezahlt wurde, zum anderen kann von einem externen digitalen Portemonnaie, in das Zahlungsdaten oder ein QR-Code eingegeben wurden, bezahlt werden.

Jegliche Güter, andere Kryptowährungen und Dienstleistungen können laut OpenBazaar auf dem Markplatz über diesen Weg erworben werden.

Drei möglich Bezahlabläufe können dabei in Betracht gezogen werden.

2.4.2.1 Direktzahlung

Bei der ersten Methode sind beide Nutzer, Käufer und Verkäufer, online. Der Käufer zahlt mit der Kryptowährung gleichzeitig eine marginale Gebühr auf den Preis des Produktes und überweist direkt an den Verkäufer.

2.4.2.2 Moderierte Zahlung

In diesem Fall kann für die Transferierung von Guthaben ein sogenannter „verifizierter Moderator" eingeschalten werden. Dieser Moderator stellt während des Zahlvorgangs eine Drittpartei, einen Treuhänder, dar, über die der Austausch vorgenommen wird. OpenBazaar empfiehlt bei jeglicher Transkation, bei der sich die Teilnehmer nicht absolut vertrauen, das Verwenden eines Moderators. Durch Einsetzen dieser Kontrollinstanz soll einem Betrug vorgebeugt werden. Dabei fallen Gebühren beim Anlegen des Treuhands und beim Auflösen des Treuhands, indem die Gebühr vom Produktpreis abgezogen wird. Käufer und Verkäufer teilen sich somit die Kosten. Um den Vorgang abzuschließen, müssen zwei der drei Beteiligten zustimmen.

Zum Ende des Vorgangs kann ein Transaktions-Hash versendet werden, mit dem der Erhalt, neben der Sichtprüfung in der Wallet, in der Blockchain nachgeprüft werden kann.

2.4.2.3 Offline-Zahlung

Im letzten Fall ist der Verkäufer offline und der Käufer tätigt einen Kauf. Dann wird, gemäß Methode zwei entweder eine moderierte Zahlung initiiert oder, bei Direktzahlung, eine temporäre Treuhand angelegt, von dem jederzeit Käufer oder Verkäufer das Guthaben wieder abziehen können. Eine Gebühr wird dann fällig, sobald das Guthaben abgezogen wird.

2.5 Konzepte, Technologien und Protokolle

Alle Konzepte, die in OpenBazaar Verwendung finden, im Einzelnen detailliert zu beschreiben und zu erforschen, würde den Rahmen der vorliegenden Arbeit sprengen. Interessanter und zielführender ist deshalb die Untersuchung der Komponenten, die im Zusammenhang mit dem Netzwerkwerkverkehr stehen, da dieser im praktischen Teil analysiert werden soll.

Dabei ergibt es Sinn sich von Seiten des Clients in Richtung des Netzwerkes anzunähern und den Aufbau Stück für Stück aufzubrechen.

2.5.1 Überblick über das Netzwerk

Auf der Seite von OpenBazaar wird beschrieben wie das Netzwerk aufgebaut ist und welche Teile die Architektur des Marktes ausmachen [7]. Dabei besitzt jeder Knoten mindestens die folgenden Komponenten:

- OpenBazaar Desktop: Die Schnittstelle, mit der mit dem Server von OpenBazaar kommuniziert wird.

- OpenBazaar Database: Eine spezifische Datenbank, aufbauend auf sqlite, in der beispielsweise Chatnachrichten, die History von Käufen/Verkäufen und Transaktionsdaten hinterlegt sind.

- OpenBazaar Server: Die Schnittstelle, mit der der Clientanteil von OpenBazaar kommuniziert.

- InterPlanetary File System (IPFS) Repository: Ein spezieller Ordner, der aufgrund von IPFS nötig ist. In diesem Ordner werden IPFS-spezifische, sowie andere Daten abgelegt, die der Knoten des Nutzers dem Netzwerk zur Verfügung stellt. OpenBazaar erweitert den Inhalt des Ordners um eigene kritische Inhalte, beispielsweise die Schlüssel, ohne die die Kommunikation nicht funktioniert.

- IPFS Gateway: Wird durch den OpenBazaar Server gestartet und lauscht auf Verbindungen anderer Knoten.

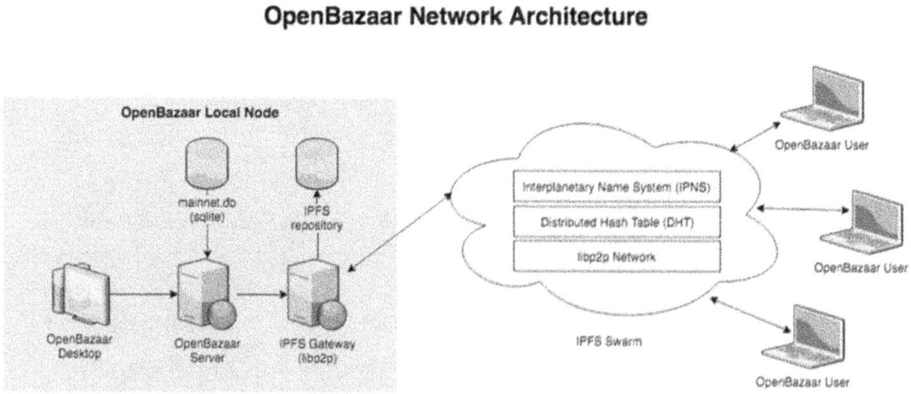

OpenBazaar Network Architecture

Abbildung 2: Darstellung Netzwerk OpenBazaar mit allen Anteilen [9]

Aus den zahlreichen Parametern, die beim Start der Software übergeben werden können, lässt sich ableiten, dass es unter anderem Netzwerktestfunktionalitäten gibt. Des Weiteren ist es augenscheinlich möglich nur bestimmten IPs den Zugriff auf den Server zu gestatten, Authentifizierungs-Cookies zu benutzen und den Node über Tor laufen zu lassen.

Aus den genannten Komponenten lässt sich erkennen, dass die Software bezüglich der Kommunikation auf dem Protokoll IPFS als Basis aufsetzt und dieses um einige Teile von OpenBazaar erweitert.

2.5.2 OpenBazaar Software

Die Software von OpenBazaar kombiniert in ihrer Gesamtheit für einen einzelnen Knoten die Funktionalitäten eines modifizierten IPFS (für den Austausch von Inhalten), einer Kryptowallet (für Bezahlvorgänge) und ein sogenanntes Ricardian Contracting System, welches die Regularien eines Abkommens umsetzbar in Software macht und an eine Transaktion anhängt [10].

Das Application Programmable Interface (API) von OpenBazaar ermöglicht es hierbei auf diese Elemente zuzugreifen. Die Software ist darüber hinaus in einen Client- und einen Serveranteil aufgespalten, wobei der Clientanteil, in Form einer Desktopapplikation, die Möglichkeit zur Konfiguration des Servers, der eigentlichen Verbindungskomponente ins Netzwerk (Knoten), darstellt [10].

Die API kann auch für eigene Programme verwendet und eingebunden werden, um auf der Software von OpenBazaar aufzubauen. Funktionalitäten, die über die API eingestellt werden können und den Netzwerkverkehr betreffen, sind beispielsweise das Blocken des Zugriffs durch bestimmbare andere Nodes, Chatfunktionalitäten, diverse IPFS-

Funktionalitäten (unter anderem der Zugriff auf Dateien und die Anzeige der nächstge-
legenen Nodes) sowie weitere Funktionen um Informationen über den eigenen Markt-
status zu erhalten (z.b. Anzahl der Follower, Anzeige der aktuellen Order). Dabei werden alle Befehle über HTTP-Header abgesetzt (GET, POST, PUT, DEL).

2.5.3 InterPlanetary File System (IPFS)

Laut der IPFS Documentation [10] handelt es sich bei IPFS um ein verteiltes System,
mit dem zum Beispiel Daten, Dateien, Webseiten gesichert und zugreifbar gemacht
werden können. Beim klassischen Browsen im Internet wird für die Suche nach einem
bestimmten Begriff die nötige Information von einem Server zentralisiert abgerufen.

Wird IPFS verwendet, so fragt der Client nicht einen Server ab, sondern stellt seine Anfrage an eine riesige Menge von Rechner und erhält die Antwort von demjenigen, der
sie hat.

Dabei kann die Information auf mehreren Rechnern, dezentralisiert, vorhanden sein. Die
Vorteile dieser Art von Verwaltung sind:

- Ein schnellerer Zugriff auf Informationen. Anstatt einen weit entfernten Server
  anzusprechen, antwortet die nächstgelegene Quelle.

- Risikoärmeres Speichern der Informationen, da diese auf mehreren Rechnern
  vorliegen und nicht nur auf einem Server, der beispielsweise durch Angriffe un-
  erreichbar werden kann.

- Das Blockieren und Zensieren durch Autoritäten wird erschwert, aufgrund der
  multiplen Instanzen einer Information auf mehreren Maschinen.

Um zu garantieren, dass Nutzer Inhalte finden, werden anstatt einer klassischen URL
wie z.B. `https://en.wikipedia.org/wiki/aardvark` sogenannte Content Identifier
(CID) wie z.B. `/ipfs/QmXoypizjW3WknFiJnKLwHCnL72vedxjQkDDP1mXWo6uco-`
`/wiki/aardvark.html` verwendet [12]. Bisher existiert der CID in zwei verschiedenen
Versionen, die sich in ihrer Aussagekraft bezüglich des zugeordneten Inhaltes unter-
scheiden.

Dabei ist es so, dass der CID aus einem kryptographischen Hashwert besteht, der jede
Information eindeutig bestimmt. Da eine Datei auf mehreren Rechnern nicht mehr über
eine Ortsbezeichnung wie der URL eindeutig gefunden werden kann, ist diese Art von
Konzept nötig. Die Bezeichnung ‚content' soll an dieser Stelle verdeutlichen, dass die
Information hinter der CID jegliche Form besitzen kann, ob Datei, Ordner usw. spielt in
diesem Zusammenhang keine Rolle. Links in ISPF sind persistenter und können nicht
so einfach geändert werden, da sie einen Pointer auf einen Content darstellen [10].

In diesem Sinne lautet die Ideologie von ISPF ‚Besitzen' und ‚Teilen' und einige zusätzliche Mechanismen in ISPF sorgen dafür, dass Inhalte besser verteilt und zugänglich
gehalten werden (z.b. Pinning), auch wenn Nutzer offline sind.

Um mit dem restlichen Netzwerk in Kontakt zu treten, kommuniziert IPFS per IPV4
oder IPV6 und TCP auf verschiedenen Ports über ein internes Gateway, das Anfragen
an oder durch eine Distributed Hash Table (DHT) stellt oder annimmt und ein- und aus-
gehenden Content verarbeitet. Für einen Client besteht die Möglichkeit IPFS bequem
über einen beliebigen Web-Browser zu organisieren und den Status des eigenen Nodes
abzufragen.

2.5.4 InterPlanetary Name System (IPNS)

Mit Hilfe von IPNS soll das Problem von sich verändernden Inhalten gelöst werden. Da
sich beispielsweise der Inhalt einer Datei ändern kann, wäre im ungünstigsten Fall auch
die Änderung der im Netzwerk verteilten Instanzen von dieser Datei nötig. Der damit
verbundene Aufwand ist so nicht hinnehmbar, deshalb ermöglicht IPNS das Erstellen
von Links, hinter denen ein eigener Hashwert steckt, auf Inhalte. Sobald z.B. eine Datei
geändert wird, wird der alte Link auf den neuen Inhalt umgelenkt [13].

Dies hat zur Folge, dass der Link jederzeit erreichbar bleibt, der Inhalt dahinter jedoch
geändert werden kann. IPNS berücksichtigt auch die entsprechende Knoten-ID des entsprechenden Teilnehmers.

2.5.5 Distributed Hash Table (DHT)

Bei der DHT handelt es sich um eine Datenstruktur, die sozusagen als Karte für die hin-
terlegten Daten in IPFS fungiert. In der Hashtabelle werden Informationen darüber hinterlegt welche Daten auf welchem Speicherknoten im Netzwerk liegen [14].

Der Grundgedanke ist, dass der Name einer neuen Datei einen Hashwert erhält und dem
entsprechenden Knoten im Netzwerk zugeordnet wird, der für diesen Wert zuständig ist.
Anschließend werden der Hashwert und die entsprechenden Daten an diesen Knoten
übertragen. Dabei wird ein linearer Wertebereich durch die Schlüssel einer Hashfunkti-
on abgedeckt, mit dem eigentlichen Ziel die Schlüssel möglichst gleichmäßig über die
beteiligten Knoten des Netzwerks zu verteilen. IPNS-Einträge landen ebenfalls in der
DHT.

Schlussendlich soll die DHT dazu beitragen, ähnlich wie beim Routing, Suchanfragen
möglichst intelligent zu gestalten. Der ‚kürzeste' Weg zu einer Ressource wird dabei
angestrebt.

2.5.6 Libp2p Network

Der letzte Baustein im Netzwerk von OpenBazaar ist libp2p. Dabei handelt es sich um ein Framework und Suite mit den entsprechenden Protokollen, um ein P2P-Netzwerk aufzubauen [15].

Zu den bisher implementierten Protokollen gehören folgende:

- identify: Protokoll zum Austausch von Basisinformationen (z.B. Adressen, Schlüssel). Dabei wird ein Stream zum Kommunikationspartner aufgebaut, um die nötigen Informationen abzufragen. Des Weiteren können aktualisierte Informationen über das Netzwerk an ausgesuchte Teilnehmer kommuniziert werden. Genauere Beschreibungen zur Implementierung sind den Spezifikationen in GitHub [16] zu entnehmen.

- mplex: Kommunikationsprotokoll, um mehrere Streams von Binärdaten in einem Stream zu übertragen. Dabei besteht jede Kommunikation aus einem Header und dem in der Länge festgelegten Datensegment. Weitere Informationen sind in den Spezifikationen [18] zu finden.

- pnet: Private Network Implementierung für IPFS. Verschlüsselung wird dazu angewendet, bevor jeglicher IPFS-Verkehr stattfindet und ein Minimum an Informationen nach außen gelassen wird. Auf einen Handshake wird ebenfalls verzichtet.

  Im Falle eines privaten Netzwerks wird ein allen Teilnehmern bekannter 256-Bit Schlüssel zugänglich gemacht, welcher im IPFS-Repository (in Datei *swarm.key*) gespeichert wird. Grundgedanke ist hierbei, dass sich wirklich nur Teilnehmer verbinden können, die den gleichen Schlüssel verwenden. Dabei stellt pnet eine von zwei Verschlüsselungen des Netzwerks dar, die zweite erfolgt über den libp2p-Stack. Dabei kommt Salsa20 als Streamcipher zum Einsatz [18].

- relay: Dieses Protokoll räumt technische Schwierigkeiten mit den Verbindungen zwischen Teilnehmern aus dem Weg. Probleme beim Verbindungsaufbau können zum Beispiel davon herrühren, dass NAT, Proxies, Firewalls oder unterschiedliche Clienttechnologien die Komplexität einer Verbindung erhöhen. Dabei wird ein sogenannter Relay-Knoten eingesetzt, der als Brückenkopf und Übersetzer fungiert. Beide Seiten erhalten dabei alle Informationen über die Originalquelle des jeweils anderen [19].

- rendezvous: Mit diesem Protokoll wird ein einfacher Mechanismus implementiert, der das Auffinden von Teilnehmern erleichtern soll. Use Cases sind dabei zum Beispiel das Auffinden in Echtzeit von anderen Teilnehmern beim Hochfahren eines Systems oder in der Initialisierungsphase einer Applikation. Das Protokoll arbeitet in Verbindung mit dem Relay-Protokoll [20].

- secio: Ausgehend davon, dass bereits eine einfache bidirektionale etablierte Verbindung zwischen zwei Teilnehmern existiert, wird eine Reihe von Stufen durchlaufen, bis ein sicherer verschlüsselter Kanal aufgebaut ist. Zu diesen Stufen gehört ein erster Austausch bezüglich des zu verwendenden Verschlüsselungsalgorithmus und das Teilen von Schlüsseln. Dabei durchlaufen die Schlüssel bis zu ihrer endgültigen Version ebenfalls mehrere Stufen. Validierungen von Paketen sichern den Informationsaustausch weiterhin ab [21].

- tls: Die Transport Layer Security wird, wie auch in anderen Netzwerkbereichen, für das Austauschen des sogenannten TLS-Handshakes benutzt. Dabei authentifizieren sich Endpunkte gegenüber ihren Partnern mit einem Zertifikat eines vorgegebenen Formates. Es geht vorrangig darum, dass die Teilnehmer einer Verbindung eindeutig verifiziert und identifiziert werden. Anschließend wird ein geheimer Sitzungsschlüssel erzeugt und für die weitere Kommunikation benutzt. Das besondere an libp2p, ab von einer gängigen TLS-Implementierung, ist, dass besondere Schlüsselerweiterungen verwendet werden, ohne die keine Sitzung zustande kommt [22].

3   Praktischer Teil

In diesem Abschnitt sollen, wie oben bereits angemerkt, praktische Versuche mit der Software von OpenBazaar durchgeführt werden. Das Augenmerk liegt dabei auf den Informationen, die aus dem Netzwerkverkehr gezogen werden können, die bei der Verwendung der Applikation entstehen.

Des Weiteren sollen Indizien, die auf die Verwendung von OpenBazaar hinweisen, gefunden und mögliche Blockademethoden erprobt werden.

3.1   Umgebung und Werkzeuge

Die Untersuchungen wurden auf einem Windows 10 Betriebssystem durchgeführt, auf dem ein Antivirus-Programm (Avast (Version 19.6.2383)) läuft und eine Firewall (ZoneAlarm (Version 15.3.064.17729)) eingeschalten ist. Außerdem wird die Verbindung zum Marktplatz drahtlos über das eigene Hausnetzwerk aufgebaut.

Zur Untersuchung des Netzwerkverkehrs wurde hauptsächlich das Netzwerkanalysetool Wireshark (Version 3.0.2) verwendet.

3.2   Installation und Aufsetzen eines OpenBazaar-Node

3.2.1 Informationsquellen nach Installation

Nach der Installation der Software gemäß [7], kann eine erste Zwischenbilanz darüber gezogen werden, welche Elemente sich von diesem Zeitpunkt an auf dem PC eines Nutzers befinden. Danach erfolgt eine Untersuchung des aufgezeichneten Netzwerkverkehrs. Dabei ist zu erwarten, dass die beschriebenen Anteile aus Abschnitt 2.5.1 zu entdecken sind.

Die Software wird zunächst gestartet, ohne dass eine Verbindung zum Netzwerk besteht.

Abbildung 3: Oberfläche OpenBazaar nach Installation

Im Benutzerprofil des PC-Nutzers werden die Ordner *OpenBazaar2.0-ClientData* und *openbazaar* angelegt. Eine kurze Überprüfung des Clientordners ergibt, dass dort unter anderem Informationen bezüglich der Caches, der möglichen Cookies und eine SQLite Datenbank für grundlegende Informationen (z.B. eingestellte Kryptowährung) zum Client hinterlegt werden.

Name	Änderungsdatum	Typ	Größe
Cache	25.06.2019 11:20	Dateiordner	
GPUCache	25.06.2019 22:25	Dateiordner	
Local Storage	26.06.2019 16:13	Dateiordner	
Cookies	25.06.2019 22:25	Datei	28 KB
Cookies-journal	25.06.2019 22:25	Datei	0 KB
Preferences	25.06.2019 22:25	Datei	1 KB

Abbildung 4: Inhalt Clientordner

```
{"windowControlStyle":"win",
"showAdvancedVisualEffects":true,
"saveTransactionMetadata":true,
"defaultTransactionFee":"NORMAL",
"language":"en_US",
"listingsGridViewType":"grid",
"bitcoinUnit":"BTC",
"verifiedModsProvider":"https://search.ob1.io/verified_moderators",
"verifiedModsProviderTor":"http://my7nrnmkscxr32zo.onion/verified_moderators",
"dontShowTorExternalLinkWarning":false,
"id":1,"shareMetrics":true,
"mVersion":1}
```

Abbildung 5: Clientordner, LocalStorage

Der Ordner *openbazaar* ist an dieser Stelle ergiebiger.

Unter anderem sind diverse Logdateien bezüglich IPFS, der API und OB (Firma hinter OpenBazaar) zu finden.

Name	Änderungsdatum	Typ	Größe
api.log	26.06.2019 16:35	Textdokument	0 KB
ipfs.log	26.06.2019 16:38	Textdokument	288 KB
ob.log	26.06.2019 16:35	Textdokument	0 KB

Abbildung 6: Logdateien

API.log beinhaltet alle Nachrichten, die per http vom Client an den Server abgesetzt wurden. In diesem Fall sind dies bisher Nachrichten zum Hochfahren des Servers und beispielsweise des Abfragens des Walletwertes.

Im ipfs.log wurden Informationen darüber hinterlegt, dass die ersten Kontaktversuche zu anderen Peers unternommen wurden und hinterlegte Adressen versuchsweise über TCP aufgelöst wurden. Dies unterstreicht die Funktion des oben beschriebenen *rendez-vous*-Protokolls, welches dafür genutzt wird, um bereits beim Hochfahren des Servers Kontakte zu anderen Peers aufzunehmen.

Im ob.log sind schließlich Informationen darüber zu finden, dass Versuche unternommen wurden Blockchain-Daten zu den einzelnen Kryptowährungen abzurufen. Zum derzeitigen Zeitpunkt bekommt man den Eindruck, dass dieser Status über die *openbazaar.org* Webseite abgefragt wird. Dies widerspricht auf den ersten Blick konkret der Philosophie eines dezentralen Marktes dahingehend, dass keine dritte Partei am Markt beteiligt sein sollte. Es sei denn die Definition bezieht sich nur auf den reinen Handelsprozess zwischen den Teilnehmern.

```
btc.blockbook.api.openbazaar.org: no such host
16:35:28.874 [ERROR] [pool/runLoop] error starting https://zec.blockbook.api.openbazaar.org/api: websocket reconnection timeout
(zec.blockbook.api.openbazaar.org)
16:35:28.911 [ERROR] [pool/runLoop] error starting https://ltc.blockbook.api.openbazaar.org/api: websocket reconnection timeout
(ltc.blockbook.api.openbazaar.org)
16:35:28.913 [ERROR] [pool/runLoop] error starting https://bch.blockbook.api.openbazaar.org/api: websocket reconnection timeout
(bch.blockbook.api.openbazaar.org)
```

Abbildung 7: Versuchter Aufbau zu openbazar.org

Die Logdateien sind auch aus diesem Grund für die weiteren Versuche betrachtenswert.

Während des Installationsvorgangs wird darauf hingewiesen, dass die Benutzung von OpenBazaar nicht per default anonym abläuft. Es müssen zusätzliche Maßnahmen ergriffen werden. IP-Adressen sind offen und abgreifbar, was sich auch in den Logdateien widerspiegelt, in denen die Adressen zu einzelnen Peers offen zu finden sind. Eine illegale Nutzung der Plattform liegt ausschließlich in der Eigenverantwortung des jeweiligen Nutzers.

Außerdem kann der Nutzer während der Installation zustimmen analytische Daten an OB1 zu schicken. Dem wurde an dieser Stelle zugestimmt. Geteilte Daten beziehen sich vor allem auf das Nutzerverhalten. Mit der Zustimmung werden Informationen darüber geteilt auf welche Elemente geklickt wird, welche Seitenansicht benutzt wird, Fehlermeldungen, Aussagen darüber, ob der Nutzer Käufer oder Verkäufer ist, Konfigurationsinformationen über den eigenen Knoten und Basisdaten zum genutzten System. Zuletzt wird ausdrücklich erklärt, dass diese Daten in keiner Weise dazu dienen können Kaufhandlungen auf dem Marktplatz im Detail nachzuvollziehen.

Weiterhin ist im Ordner die in Abschnitt 2.5.1 beschriebene Database zu finden, in der alle wichtigen Daten nachgehalten werden.

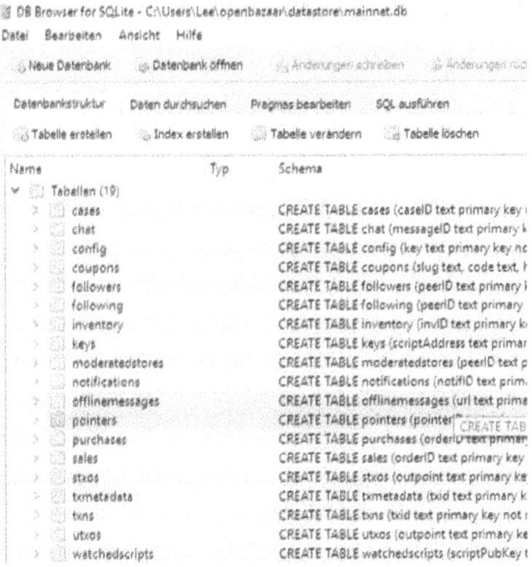

Abbildung 8: Inhalt Database mainnet.db

3.2.2 Netzwerkverhalten der Applikation ohne Interaktion

In diesem Abschnitt soll in Kürze geschildert werden, wie sich die Software nach der Installation bei Anbindung an ein Netzwerk verhält. Dabei werden zunächst keine Interaktionen auf der Plattform vorgenommen und die Kommunikation durch andere Programme auf dem Rechner, soweit möglich, minimiert. Die Aufzeichnung des Netzwerkverkehrs mit Wireshark ist dabei zunächst ungefiltert, anschließend werden für eine konkretere Auswertung Display-Filter angewendet. Wichtig ist an dieser Stelle zu bemerken, dass zwischen dem internen Verkehr von OpenBazaar-Client zu OpenBazaar-Server und dem externen Verkehr zwischen OpenBazaar-Server und dem Netzwerk unterschieden werden muss. Der Verkehr zwischen dem Client und dem Server beinhaltet hauptsächlich Anfragen im Json-Format, die menschenlesbar sind.

Um die Übersicht bei der Auswertung zu erhöhen, wurde zuvor eine Aufnahme angefertigt, die das ‚Rauschen' des Netzwerkes aufzeichnet. Dadurch konnten Display-Filter entworfen werden, die z.b. die Kommunikation des Antivirusprogrammes entfernt haben. Zusätzlich wurde die Namensauflösung eigeschalten, um menschenlesbare Bezeichnungen der Teilnehmer zu erhalten, wo dies möglich ist.

Wird die Software hochgefahren, so beginnt sie Updates aus dem Netzwerk zu beziehen. Dieser Vorgang dauert bei dem ersten Starten etwas länger. Zunächst nimmt die Applikation mit dem Server (*updates2.openbazaar.org*) per TCP Kontakt auf und arbeitet den Dreiwege-Handshake ab.

Source	Destination	Protocol	Length	Info
192.168.1.157	updates2.openbazaar.org	TCP	66	57970 → commplex-link(5001) [SYN] Seq=
updates2.openbazaar.org	192.168.1.157	TCP	66	commplex-link(5001) → 57970 [SYN, ACK]
192.168.1.157	updates2.openbazaar.org	TCP	54	57970 → commplex-link(5001) [ACK] Seq=

Abbildung 9: TCP Dreiwege-Handshake mit Update-Server

Im Anschluss daran wird der TLS-Handshake mit dem Sever ausgehandelt. Im Mitschnitt in Abbildung 10 ist der Zertifikatsaustausch und der anschließende Austausch der Schlüssel zu erkennen. Sobald die Meldung der Change Cipher Spec ausgetauscht wurde, wird in die verschlüsselte Kommunikation gewechselt und die Applikationsdaten werden kommuniziert.

Source	Destination	Protocol	Length	Info
192.168.1.157	updates2.openbazaar.org	TLSv1.2	233	Client Hello
updates2.openbazaar.org	192.168.1.157	TLSv1.2	1506	Server Hello
updates2.openbazaar.org	192.168.1.157	TLSv1.2	417	Certificate, Server Key Exchange, Server Hello Done
192.168.1.157	updates2.openbazaar.org	TLSv1.2	180	Client Key Exchange, Change Cipher Spec, Encrypted Handshake Me
updates2.openbazaar.org	192.168.1.157	TLSv1.2	328	New Session Ticket, Change Cipher Spec, Encrypted Handshake Mess
192.168.1.157	updates2.openbazaar.org	TLSv1.2	233	Application Data
updates2.openbazaar.org	192.168.1.157	TLSv1.2	513	Application Data, Application Data

Abbildung 10: TLS-Handshake mit Update-Server

An die Kommunikation mit dem Update-Server schließt eine Konversation an, die sich bei genauerer Recherche als der Teil herausgestellt hat, dem der Nutzer gegebenenfalls während der Installation zugestimmt hat. Über *embed.doorbell.io* wird Feedback über den jeweiligen Nutzer gesammelt.

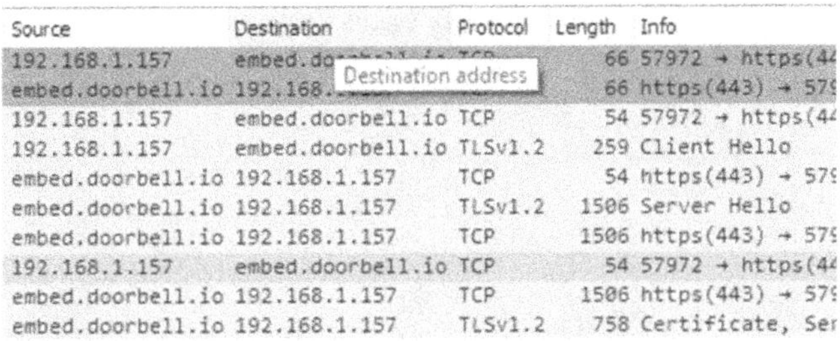

Source	Destination	Protocol	Length	Info
192.168.1.157	embed.do~~~~~ ~~ ~~~		66	57972 → https(44
embed.doorbell.io	192.168.~		66	https(443) → 579
192.168.1.157	embed.doorbell.io	TCP	54	57972 → https(44
192.168.1.157	embed.doorbell.io	TLSv1.2	259	Client Hello
embed.doorbell.io	192.168.1.157	TCP	54	https(443) → 579
embed.doorbell.io	192.168.1.157	TLSv1.2	1506	Server Hello
embed.doorbell.io	192.168.1.157	TCP	1506	https(443) → 579
192.168.1.157	embed.doorbell.io	TCP	54	57972 → https(44
embed.doorbell.io	192.168.1.157	TCP	1506	https(443) → 579
embed.doorbell.io	192.168.1.157	TLSv1.2	758	Certificate, Ser

(Destination address)

Abbildung 11: embed.doorbell.io-Kommunikation

Nachdem die Feedback-Kommunikation beendet wurde, werden im Anschluss daran mehrere TCP-Verbindungen über Port 4001 aufgebaut und nach dem Dreiwege-Handshake Daten ausgetauscht. Beispielhaft wird eine dieser Verbindungen an dieser Stelle untersucht.

Wireshark bietet die Möglichkeit einer einzelnen Konversation zu folgen. Dadurch wird beispielsweise ein TCP-Stream isoliert betrachtet. Aus dem Protokoll des Austausches geht hervor, dass die Verbindung nach dem Dreiwege-Handshake zuerst das Protokoll multiplex und dann das Verschlüsselungsprotokoll secio angewendet wird. Im Folgenden lässt sich nur noch grob erahnen, dass Informationen vom eigenen Node mit einem fremden Knoten ausgetauscht werden, da zwischenzeitlich Bruchteile von CIDs zu erkennen sind. Eindeutig ist jedoch zu erkennen, dass die möglichen Verschlüsselungsalgorithmen, wie in Kapitel 2.5.6 beschrieben, übermittelt werden.

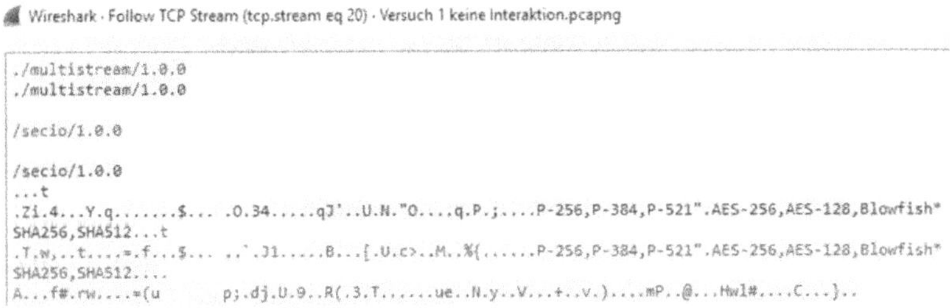

```
Wireshark · Follow TCP Stream (tcp.stream eq 20) · Versuch 1 keine Interaktion.pcapng

./multistream/1.0.0
./multistream/1.0.0

/secio/1.0.0

/secio/1.0.0
...t
.Zi.4...Y.q.......$... .O.34.....qJ'..U.N."O....q.P.;....P-256,P-384,P-521".AES-256,AES-128,Blowfish"
SHA256,SHA512...t
.T.w,..t....=.f...$... ..".J1.....B...[.U.c>..M..%{......P-256,P-384,P-521".AES-256,AES-128,Blowfish"
SHA256,SHA512...t
A...f#.rw,...=(u    p;.dj.U.9..R(.3.T......ue..N.y..V...+..v.)....mP.@...Hwl#...C...}..
```

Abbildung 12: Verfolgte Konversation, multistream- und secio-Protokoll erkennbar

Des Weiteren kann aus der statistischen Auswertung des I/O Graphen die Erkenntnis gewonnen werden, dass die Verbindung aufrechterhalten wird und exakt im 30-sekündigen Takt eine Abfrage stattfindet. Der Verlauf lässt eine Synchronisierung mit einem anderen Knoten im Netzwerk erkennen. Die Anzahl der Pakete und deren Größe ist zu Beginn der Kommunikation relativ hoch und nimmt im weiteren Verlauf ab.

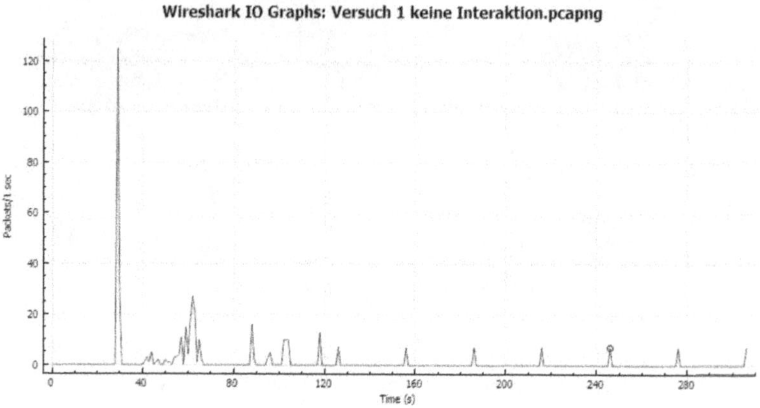
Wireshark IO Graphs: Versuch 1 keine Interaktion.pcapng
Packets/1 sec
Time (s)
0
20
40
60
80
100
120
160
200
240
280

Abbildung 13: Pakete pro Sekunde während Synchronisierung mit Knoten

Eine Auswertung der ipfs.log-Files ergibt, dass, je nach Logginglevel alle Nachrichten, die sich z.B. auf das Finden und Suchen von Peers beziehen, notiert werden. Die Knoten-IDs werden im Logfile anonymisiert, in dem ein großer Teil durch ein Asterisk ersetz wird.

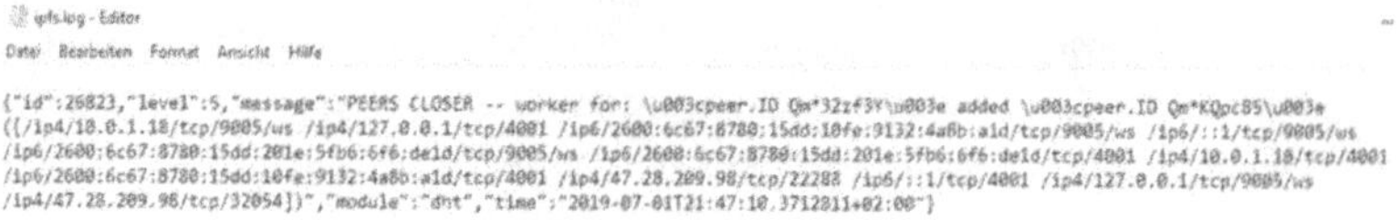
ipfs.log - Editor
Datei Bearbeiten Format Ansicht Hilfe
{"id":26823,"level":5,"message":"PEERS CLOSER -- worker for: \u003cpeer.ID Qm*32zf3Y\u003e added \u003cpeer.ID Qm*KQpc85\u003e ({/ip4/10.0.1.18/tcp/9005/ws /ip4/127.0.0.1/tcp/4001 /ip6/2600:6c67:8780:15dd:10fe:9132:4a8b:a1d/tcp/9005/ws /ip6/::1/tcp/9005/ws /ip6/2600:6c67:8780:15dd:201e:5fb6:6f6:de1d/tcp/9005/ws /ip6/2600:6c67:8780:15dd:201e:5fb6:6f6:de1d/tcp/4001 /ip4/10.0.1.18/tcp/4001 /ip6/2600:6c67:8780:15dd:10fe:9132:4a8b:a1d/tcp/4001 /ip4/47.28.209.98/tcp/22288 /ip6/::1/tcp/4001 /ip4/127.0.0.1/tcp/9005/ws /ip4/47.28.209.98/tcp/32054})","module":"dht","time":"2019-07-01T21:47:10.3712811+02:00"}

Abbildung 14: Ausschnitt ipfs.log

Insgesamt konnten zu Beginn der Aufzeichnung mindestens drei TCP-Verbindungen ausgemacht werden, die nach dem gleichen Muster die Verbindung mit dem eigenen Knoten aufgebaut haben. Weitere folgten im Verlauf der Sitzung.

Zusätzlich zu den oben beschriebenen Abläufen konnten Abfragen identifiziert werden, die sich auf den derzeitigen Blockstatus der Kryptowährungen beziehen. Es konnten Interaktionen mit Plattformen nachgewiesen werden, die mit Kryptohandel im Zusammenhang stehen. Unter anderem wurde die api.kraken.com angefragt, die es ermöglicht historische Daten oder derzeitige Kurse abzufragen.

Source	Destination	Protocol	Length	Info
192.168.1.157	api.kraken.com	TCP	66	58019 → F
api.kraken.com	192.168.1.157	TCP	66	https(44)
192.168.1.157	api.kraken.com	TCP	54	58019 → F
192.168.1.157	api.kraken.com	TLSv1.2	219	Client He
api.kraken.com	192.168.1.157	TCP	54	https(443
api.kraken.com	192.168.1.157	TLSv1.2	1506	Server He
api.kraken.com	192.168.1.157	TLSv1.2	1284	Certifica
192.168.1.157	api.kraken.com	TCP	54	58019 → F

Abbildung 15. Kraken.com wird abgefragt

Die Namensauflösung von OpenBazaar-internen IP-Adressen weist auf die Verwendung eines sogenannten ticker-service und einer *ltc.blockbook.api* hin. Beides, so kann aufgrund der Bezeichnung vermutet werden, steht im Zusammenhang mit der Abfrage von aktuellen Kryptowährungskursen und der internen Wallettechnologie. Eine Abfrage von ticker.org mit einem Webbrowser bestätigt die Annahme. Dort sind aktuelle Marktplatzinformationen zu finden.

Source	Destination	Protocol	Length	Info
192.168.1.157	ltc.blockbook.api.openbazaar.org	TCP	66	58016 →
ltc.blockbook.api.openbazaar.org	192.168.1.157	TCP	66	https(44
192.168.1.157	ltc.blockbook.api.openbazaar.org	TCP	54	58016 →
192.168.1.157	ltc.blockbook.api.openbazaar.org	TLSv1.2	237	Client H
ltc.blockbook.api.openbazaar.org	192.168.1.157	TCP	54	https(44
ltc.blockbook.api.openbazaar.org	192.168.1.157	TLSv1.2	1506	Server H

Abbildung 16: Abfrage ltc.blockbook

Source	Destination	Protocol	Length	Info
192.168.1.157	ticker.openbazaar.org	TCP	66	5802
ticker.openbazaar.org	192.168.1.157	TCP	66	http
192.168.1.157	ticker.openbazaar.org	TCP	54	5802
192.168.1.157	ticker.openbazaar.org	TLSv1.2	226	Clie
ticker.openbazaar.org	192.168.1.157	TCP	54	http
ticker.openbazaar.org	192.168.1.157	TLSv1.2	1506	Serv
ticker.openbazaar.org	192.168.1.157	TLSv1.2	1506	Cert

Abbildung 17: Abfrage ticker.openbazaar.org

Die Annahmen werden zudem durch die Auswertung des ob.log-Files bestätigt, in dem diese Kommunikation ebenfalls nachgehalten und außerdem aufschlussreichere Informationen in menschenlesbarer Form über den Datenaustausch gegeben werden.

Schlussendlich konnten in der Initialisierungsphase mindestens vier Verbindungen identifiziert werden, über die mit hoher Wahrscheinlichkeit aktualisierte Informationen über das Netzwerk durch den eigenen Knoten von Webservern abgefragt wurden. Die Zugehörigkeit zu OpenBazaar kann darüber hergestellt werden, dass die initiale Kommunikation mit den Servern dem oben beschriebenen Muster mittels multistream- und secio-Protokoll folgt.

Die TCP-Anbindung wurde dabei jeweils auf Port 9005 vorgenommen. Bei Aufruf der Server mit einem Webbrowser (ohne Portangabe) lieferten zwei Server einen fehlerhaften Verbindungsversuch, einer eine Startseite eines Apache-Webservers und einer eine Übersichtsseite über diverse Statistiken bezüglich OpenBazaar.

Dies beendet den Überblick über den analysierten Netzwerkverkehr ohne die Interaktion des Nutzers auf dem Marktplatz.

3.3   Interaktion auf der Plattform

Im Folgenden wird die Software mit dem Netzwerk verbunden und es werden einzelne Aktionen auf der Plattform durchgeführt und die jeweils fließenden Daten im Netzwerkverkehr betrachtet und analysiert.

Ein Schwerpunkt der Untersuchung soll dabei auf den Möglichkeiten liegen Teilnehmer im Netzwerk eindeutig zu identifizieren, da potenzielle illegale Angebote im Bedarfsfall einem Nutzer zuordbar sein sollten.

3.3.1 Verbundene Peers anzeigen

Über Navigation->Settings->Advanced->Connected Peers ist es möglich die Teilnehmer anzuzeigen, mit denen man verbunden ist.

3.3.1.1   Interner Verkehr zwischen Client und Server

Intern setzt der Client eine http-Anfrage an den Server ab, die an den Websocket des Servers weitergeleitet wird, um die Anfrage zu bearbeiten. Inhaltlich handelt es sich dabei um eine Updateanfrage.

Source	Destination	Protocol	Length	Info
localhost	localhost	TCP	118	52963 → golem(9005) [SY!
localhost	localhost	TCP	118	golem(9005) → 52963 [SY!
localhost	localhost	TCP	94	52963 → golem(9005) [ACK
localhost	localhost	HTTP	464	GET / HTTP/1.1
localhost	localhost	TCP	94	golem(9005) → 52963 [ACK
localhost	localhost	HTTP	352	HTTP/1.1 101 Switching F
localhost	localhost	WebSocket	138	WebSocket Binary [FIN]
localhost	localhost	TCP	94	52963 → golem(9005) [ACK
localhost	localhost	WebSocket	146	WebSocket Binary [FIN] [

Abbildung 18: Interne Abfrage Peers

3.3.1.2   Externer Verkehr zwischen Server und dem Netzwerk

Ausgehend von den Erkenntnissen des vorherigen Artikels ist es wiederum so, dass TCP-Verbindungen zu einzelnen Knoten aufgebaut und Daten ausgetauscht werden. Lässt man die Verbindungen mit Servern außer Acht, die durch die Verwendung von Port 9005 zu erkennen sind, so konnten, wie im Kapitel zuvor, dedizierte Kommunikationen entdeckt werden.

Wireshark bietet die Möglichkeit Datenbanken (die leider seit Januar 2019 nicht mehr gewartet werden) zur Auflösung von Geoinformationen einzubinden. Dabei sind diese Informationen mit Vorsicht zu genießen, weil die Genauigkeit der Daten nicht gegeben ist und OpenBazaar auch in Kombination mit Tor benutzt werden kann, was zu einer weiteren Verfälschung der Daten führt. Ein exemplarischer Auszug der Statistik ist in der Abbildung 19 zu sehen.

Address	Packets	Bytes	Tx Packets	Tx Bytes	Rx Packets	Rx Bytes	Country	City
37.120.137.239	78	7406	39	3160	39	4246	Switzerland	Zurich
37.152.248.225	632	130 k	347	89 k	285	41 k	United Kingdom	Southend-on-Sea
37.228.251.94	2	136	1	70	1	66	Ireland	Dublin

Abbildung 19: Auszug Geographische Lokalisierung Netzwerkteilnehmer

Ausgehend von einer fehlenden Nutzung von Tor, da diese nicht per default verwendet wird, könnte mit diesen Aussagen auf eine grobe geographische Lage eines Teilnehmers geschlossen werden.

3.3.2 Browsen mit der Suchmaschine

OpenBazaar bietet einen ‚Discover'-Button und eine einstellbare Suchmaschine an, um nach Schlüsselworten oder Hashtags zu suchen. In diesem und den folgenden Versuchen wurde nach Angeboten aus dem Themengebiet ‚Comics' gesucht.

3.3.2.1   Interner Verkehr zwischen Client und Server

Die Auswertung des internen Verkehrs hat an dieser Stelle ergeben, dass HTTP-Anfragen durch den Client mittels TCP an den Server übermittelt werden, um unter anderem konkrete Inhalte wie Bilder der Suchtreffer abzufragen und darzustellen.

```
GET /ob/images/zb2rhjBPYduDSwWQbju8KAryFpzJzQjAC7a3u4SuiyboGiKS5 HTTP/1.1
Host: localhost:4002
Connection: keep-alive
Accept: image/webp,image/apng,image/*,"/*";q=0.8
Accept-Encoding: gzip, deflate
Accept-Language: de
Cookie: OpenBazaar_Auth_Cookie=51b71ef5-753f-f249-8770-23ac7572c1d1
User-Agent: Mozilla/5.0 (Windows NT 10.0; Win64; x64) AppleWebKit/537.36 (K
Chrome/59.0.3071.115 Electron/1.8.7 Safari/537.36

HTTP/1.1 200 OK
Accept-Ranges: bytes
Cache-Control: public, max-age=29030400, immutable
Content-Length: 17799
Content-Type: image/jpeg
Last-Modified: Fri, 05 Jul 2019 09:48:41 GMT
Date: Fri, 05 Jul 2019 09:48:41 GMT

.................................
..
................. $.' ",#..(7),01444.'9=82<.342.
```

Abbildung 20: Interne Abfrage Suchmaschine

3.3.2.2   Externer Verkehr zwischen Server und dem Netzwerk

Die Auswertung des Netzwerkverkehrs, zwischen dem Server und dem Netzwerk hat aufgezeigt, dass eine hohe Anzahl an TCP-Verbindungen aufgebaut werden. Dadurch ist nicht eindeutig zuordbar, welche Adressen zum Ergebnis der Suche beitragen. Jedoch tauchen im Verkehr einige Adressen auf, deren Namensauflösung auf die Beteiligung von Cloudservices hinweisen (z.B. vultr.com).

Um doch eine Zuordnung zwischen einer IP-Adresse und einem Teilnehmer zu erhalten, ist die Suche nach dem Begriff ‚Comics' mehrmals wiederholt und aktualisiert worden. Da einer der Online-Shops im Vergleich zu anderen Anbietern deutlich mehr Treffer bei der Suche geliefert hat (mehrere hundert mehr), scheint es naheliegend, dass eine IP-Adresse deutlich mehr Pakete während der Suchanfrage liefern muss. Im Peer-to-Peer-Netzwerk werden Dateien eigene IDs zugeordnet, das heißt jede Dateiabfrage muss dieser Logik nach eine eigene Antwort liefern, wenn die Information gesucht wird.

Mit der Wiederholung der Suchanfragen ist auch die Menge an gesendeten Paketen bei zwei IP-Adressen signifikant angestiegen.

Ethernet · 4	IPv4 · 165	IPv6 · 2	TCP · 303	UDP · 7	Ethernet · 9	IPv4 · 177	IPv6 · 5	TCP · 303	UDP · 35
Address	Packets	Bytes	Tx Packets		Address	Packets	Bytes	Tx Packets	Tx Bytes
LAPTOP-58QKBM6J	4,103	2051 k	1,758		LAPTOP-58QKBM6J	8,714	4655 k	3,803	1373 k
107.170.248.207	770	963 k	650		107.170.248.207	1,387	1549 k	1,038	1529 k
192.241.142.84	574	267 k	278		192.241.142.84	1,258	666 k	616	130 k
o2.box	340	61 k	171		o2.box	517	96 k	261	54 k
159.203.104.9	219	84 k	128		45.77.146.39.vultr.com	475	229 k	258	110 k

Abbildung 21: Auswertung der Paketanzahl, links: geringe Suchanfragen, rechts: höhere Anzahl an Suchanfragen

Die Auswertung der Statistik ist jedoch noch kein Hinweis auf einen konkreten Zusammenhang zwischen dem Anbieter des Onlineshops und den ausgewerteten IP-Adressen. Nach eigenen Angaben des Shops, befindet sich der Betreiber in Vancouver, Kanada.

Mehrere Szenarien sind denkbar, die den Anstieg der Paketanzahl der beiden IP-Adressen erklären. Es könnte sich zum einen tatsächlich um den Shop-Betreiber handeln, dieser nutzt jedoch einen Tor-Dienst zur Verschleierung der wahren IP. Zum anderen könnte es sich bei den IP-Adressen um Relay-Knoten handeln, die die gewünschten Informationen bereitstellen. Die Bündelung der Pakete durch wenige IP-Adressen ist jedoch verwunderlich, wenn bedacht wird, dass IPFS die Daten im Netzwerk gleichmäßig verteilen sollte und eine Abfrage die Antworten aus mehreren Quellen beziehen könnte.

3.3.3 Aufrufen einer Angebotsseite

Der folgende Versuch beschreibt den Netzwerkverkehr, wenn ein konkretes Angebot angeklickt wird und die Angebotsseite erscheint.

3.3.3.1 Interner Verkehr zwischen Client und Server

Wie in den vorherigen Versuchen setzt der Client eine Abfrage an den Server ab.

Die Anfragedaten geben dabei einige Informationen preis, die so nicht ohne Weiteres auf der Browseroberfläche zu erkennen sind. Unter anderem liefert die Auswertung des Verkehrs die CID des Angebots, die Peer-ID, von der das Angebot bezogen wurde und die zugehörige Bitcoin-Adresse des Verkäufers. Des Weiteren können die Einschränkungen für das Versenden der Ware effektiver herausgelesen werden, als aus der Länderliste des Browsers. Das Versenden ist laut dem Netzwerkmitschnitt auf Kanada, die USA und Mexiko beschränkt. Zusätzlich wurde ein sogenannter Currency-Code (hier ‚CAD' für Canadian Dollar) entdeckt, der auf originäre Währung des Verkäufers hinweist.

Dies sind alles Informationen, die dazu beitragen eine bessere geographische Einordnung des Verkäufers vorzunehmen. Im Falle einer bekannten Bitcoin-Wallet-Adresse wäre sogar eine eindeutige Identifikation möglich.

Abbildung 22:links: Anfrage Client an Server, rechts: Angebotsseite im Browser

3.3.3.2 Externer Verkehr zwischen Server und dem Netzwerk

An dieser Stelle wurde wiederum der quantitative Versuch aus dem vorherigen Abschnitt wiederholt, indem die Angebotsseite mehrmals neu geladen wurde. Die Statistik ergibt wiederum, dass bei einer IP-Adresse die Anzahl der Pakete im Vergleich zu den restlichen Adressen signifikant höher ist.

Ethernet · 8	IPv4 · 222	IPv6 · 5	TCP · 424	UDP	
Address		Packets	Bytes	Tx Packets	1
LAPTOP-58QKBM6J		13,828	4618 k	6,200	
192.241.142.84		1,256	867 k	757	
165.227.131.45		755	546 k	541	
159.203.104.9		336	156 k	196	

Abbildung 23: Paketstatistik bei mehrmaligem Aufruf einer Angebotsseite

Eine Whois-Abfrage und ein nmap-Scan der Adresse waren in dem Sinne jedoch nicht erfolgreich, als dass nmap mit hoher Wahrscheinlichkeit an einer Firewall aufgehalten wurde und die Whois Information nur auf den Adressbereich eines amerikanischen Cloud-Betreibers hinwies.

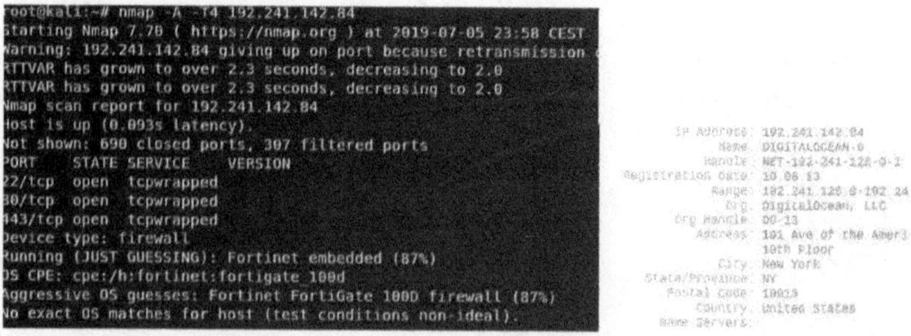

Abbildung 24: Ergebnisse nmap-Scan und Whois-Abfrage

3.3.4 Aufrufen einer Händlerseite

Nach Auswahl eines Angebotes auf der Suchseite wird im letzten Versuch die Seite des zugeordneten Shops geöffnet.

3.3.4.1 Interner Verkehr zwischen Client und Server

Wie in den vorherigen Versuchen startet der Client eine Anfrage über TCP an den Server, dieser antwortet mit allen Daten, die zu den Artikeln des Shops bekannt sind. Die Datenfelder sind jedoch geringer als in der einzelnen Angebotsseite, beispielsweise fehlen die Angaben zur Peer-ID oder die Wallet-Adresse.

3.3.4.2 Externer Verkehr zwischen Server und dem Netzwerk

Ein weiteres Mal wurde quantitativ untersucht welche Auswirkung das mehrmalige Neuladen der Händlerseite hat. Die Ergebnisse sind dabei deckungsgleich mit den vorherigen Erfahrungen. Auch wenn die IP-Adresse nicht mit einem Host in Verbindung gebracht werden konnte, so scheint doch ein Zusammenhang zwischen der Häufigkeit der Suchanfragen und der IP zu bestehen.

Ethernet · 2	IPv4 · 118	IPv6	TCP · 151	UDP · 5		
Address				Packets	Bytes	Tx Packets
LAPTOP-58QKBM6J.fritz.box				2,879	1375 k	1,467
192.241.142.84				718	505 k	286
159.203.104.9				273	147 k	131

Abbildung 25: Paketstatistik mehrmaliger Aufruf Händlerseite

Ein letzter Test, abgesehen von der Untersuchung des Netzwerkverkehrs, um den Besitzer des Shops eventuell doch noch zu identifizieren wurde mit den Hintergrundbildern, den Bildern der Angebote und dem Bild des Accounts auf der Shopseite unternommen. Jedoch hat eine Reverse-Suche per Google-Image oder TinEye keine Ergebnisse geliefert, die die Bilder einem Urheber eindeutig zuordnen könnten.

3.4 Blockierung von OpenBazaar

Da sich der Netzwerkverkehr von OpenBazaar, wie in den vorherigen Abschnitten beschrieben, nachweisen lässt und bestimmte Merkmale besitzt, sind mehrere Maßnahmen denkbar, um die Applikation zu blockieren.

Die einfachste Möglichkeit den Netzwerkverkehr zu unterbinden ist das Einsetzen einer Firewall, mit entsprechenden Regeln, die konkret die OpenBazaar-Applikation daran hindert Kontakt mit dem Netzwerk aufzunehmen. Dabei werden jegliche Versuche der Software unterbunden eine Netzwerkkommunikation aufzubauen.

Eine andere Variante der Blockage könnte damit umgesetzt werden, dass z.B. die Verbindungen zu den Update-Servern von OpenBazaar unterbrochen werden. Aufgrund der Untersuchung des Netzwerkverkehrs und einer Namensauflösung konnten eindeutig die Kanäle nachgewiesen werden, die benutzt werden, um die Software aktuell zu halten. Dadurch würde die Applikation den Kontakt zu wichtigen Informationen wie den Blockinformationen der Kryptowährungen verlieren und wäre eingeschränkt.

Ein weiterer Ansatz besteht darin den Verkehr auf Basis der verwendeten Protokolle zu blockieren. In den vorherigen Abschnitten wurden das multistream- und secio-Protokoll beschrieben und beobachtet, die für den Aufbau von Verbindungen zu anderen Knoten benutzt werden. Erkennt ein Filter diese Art von Protokoll, so könnte die Kommunikation unterbunden werden. Dies hätte den Charme, dass damit konkret Verbindungen zu einzelnen Peers blockiert werden.

Die OpenBazaar-Software beinhaltet eine Funktion zum Blocken von einzelnen Teilnehmern. Eine softwaretechnische Auswertung von diesem Mechanismus könnte ebenfalls zielführend, wenn auch komplex, sein, um ihn zum Blocken des Verkehrs zu nutzen.

4 Fazit und Ausblick

Das Hauptziel der vorliegenden Arbeit ist es gewesen die Anwendung OpenBazaar hinsichtlich ihrer Funktion und des Netzwerkverhaltens zu untersuchen.

Dabei sind Erkenntnisse gewonnen geworden, die Aufschluss darüber geben wie ein dezentralisierter Markt funktioniert und welche Technologien und Protokolle im Fall von OpenBazaar verwendet werden. Ein potenziell illegaler Nutzen ist dabei durchaus gegeben.

Zur tieferen Analyse wurde der Netzwerkverkehr zwischen Client und Server, sowie zwischen dem eigenen Server und dem Netzwerk quantitativ untersucht und ausgewertet. Das effektive Blockieren der Software ist mit diesem Wissen durchaus durchführbar und die Möglichkeiten dazu wurden kurz umrissen.

Die verschiedenen Ansätze, die in den einzelnen Versuchen unternommen wurden, um einen Teilnehmer eindeutig zu identifizieren, haben an dieser Stelle nicht zum Erfolg geführt. Jedoch wurden einige Informationen entdeckt, die es ermöglichen einem Anbieter Merkmale zuzuordnen.

Eine Hausarbeit kann aufgrund der begrenzten Zeitspanne, die zur Verfügung steht, immer nur ein Schlaglicht auf einige Aspekte des Themas ermöglichen.

Untersuchungen, die an dieser Stelle nicht durchgeführt wurden, betreffen beispielsweise den Ablauf einer kompletten Transaktion. Dafür ist es notwendig eine Wallet mit Kryptowährung zu besitzen und einen Kauf zu tätigen. Eine Untersuchung in dieser Richtung könnte Aufschluss darüber geben wie z.B. die Moderatorfunktion von OpenBazaar eingesetzt wird und wie die konkrete Kommunikation zwischen Käufer und Verkäufer Peer-to-Peer abläuft.

Ebenfalls nicht in gewünschter Tiefe konnte die Informationsgewinnung zu den Teilnehmern durchgeführt werden, da die verschlüsselte Kommunikation im Netzwerk dafür mit zusätzlichen Mitteln zunächst entschlüsselt werden muss.

Weiterhin wäre eine Untersuchung dahingehend interessant, inwiefern Daten an die Entwickler und die Firma OB abfließen. Die Frage, die an dieser Stelle aufkommt, ist ob zu jeder Zeit gewährleistet wird, dass die Teilnehmer des Netzwerkes anonym bleiben und wenn nicht, welche Daten abgegriffen werden.

Erst nach Abschluss dieser tiefergehenden Analyse können Aussagen darüber getroffen werden, ob OpenBazaar tatsächlich alle Anforderungen eines dezentralen Marktplatzes erfüllt und einhält.

Quellenverzeichnis

[1] **Ottersbach, T.**: E-Commerce (https://www.ecommerce-vision.de/enzyklopaedie/e-commerce/ (Datum des Zugriffs: 15.06.2019)

[2] **Surbhi S. (2017):** Difference Between Centralization and Dezentralization (https://keydifferences.com/difference-between-centralization-and-decentralization.html (Datum des Zugriffes: 15.06.2019))

[3] **Redman J. (2018):** Under the Tent: A Look at the Latest Openbazaar Marketplace Software (https://news.bitcoin.com/under-the-tent-a-look-at-the-latest-openbazaar-marketplace-software/ (Datum des Zugriffs: 04.07.2019)

[4] The Story of OpenBazaar About (https://openbazaar.org/about/ (Datum des Zugriffs: 16.06.2019))

[5] **EveningStandard (2014):** Silicon Roundabout's not for him: meet super-hacker, master coder and Bitcoin boy Amir Taaki in his Hackney squat (https://www.standard.co.uk/lifestyle/london-life/silicon-roundabouts-not-for-him-meet-super-hacker-master-coder-and-bitcoin-boy-amir-taaki-in-his-9093228.html, (Datum des Zugriffs: 16.06.2019))

[6] OpenBazaar Documentation (https://docs.openbazaar.org/ (Datum des Zugriffs: 16.06.2019))

[7] The Beginners Guide to Buying Goods Services and Cryptocurrency on OpenBazaar (2018) (https://openbazaar.org/blog/The-Beginners-Guide-to-Buying-Goods-Services-and-Cryptocurrency-on-OpenBazaar/ (Datum des Zugriffs: 16.06.2019))

[8] How to Buy Croptycurrencies Privateley with no Fees (2018) (https://openbazaar.org/blog/how-to-buy-cryptocurrencies-privately-with-no-fees/ (Datum des Zugriffs: 16.06.2019))

[9] OpenBazaar Startup (https://docs.openbazaar.org/guides/concepts/startup/#set-up-the-tor-transport (Datum des Zugriffs: 17.06.2019))

[10]   OpenBazaar API (https://api.docs.openbazaar.org/?version=latest (Datum des Zugriffs: 18.06.2019))

[11]   IPFS Documentation (https://docs.ipfs.io/ (Datum des Zugriffs: 18.06.2019))

[12]   Content Identifiers (CIDS) https://docs.ipfs.io/guides/concepts/cid/ (Datum des Zugriffs: 19.06.2019))

[13]   IPNS (https://docs.ipfs.io/guides/concepts/ipns/ (Datum des Zugriffs: 19.06.2019))

[14]   **Wiley B. (2003):** Distributed Hash Tables, Part I
(https://www.linuxjournal.com/article/6797 (Datum des Zugriffs: 19.06.2019))

[15]   GitHub Repository libp2p (https://github.com/libp2p/specs (Datum des Zugriffs:
20.06.2019))

[16]   GitHub Spezifikationen identify
(https://github.com/libp2p/specs/blob/master/identify/README.md (Datum des
Zugriffs: 23.06.2019))

[17]   GitHub Spezifikationen mplex
https://github.com/libp2p/specs/blob/master/mplex/README.md (Datum des Zugriffs: (23.06.2019))

[18]   GitHub Spezifikationen pnet
https://github.com/libp2p/specs/blob/master/pnet/Private-Networks-PSK-V1.md
(Datum des Zugriffs: (23.06.2019))

[19]   GitHub Spezifikationen relay
(https://github.com/libp2p/specs/blob/master/relay/README.md (Datum des Zugriffs: (23.06.2019))

[20]   GitHub Spezifikationen rendezvous
(https://github.com/libp2p/specs/blob/master/rendezvous/README.md (Datum des
Zugriffs: (24.06.2019))

[21]   GitHub Spezifikationen secio
https://github.com/libp2p/specs/blob/master/secio/README.md (Datum des Zugriffs: (24.06.2019))

[22]   GitHub Spezifikationen libp2p TLS Handshake
https://github.com/libp2p/specs/blob/master/tls/tls.md (Datum des Zugriffs:
(24.06.2019))